Ansiedad

La guía definitiva para aliviarlo a usted del estrés y
así poder liberarlo de la ansiedad
(Ataques de pánico, fobias y depresión)

Alvin Ávila

Publicado Por Daniel Heath

© Alvin Ávila

Todos los derechos reservados

Ansiedad: La guía definitiva para aliviarlo a usted del estrés y así poder liberarlo de la ansiedad (Ataques de pánico, fobias y depresión)

ISBN 978-1-7770207-2-9

Este documento está orientado a proporcionar información exacta y confiable con respecto al tema y asunto que trata. La publicación se vende con la idea de que el editor no esté obligado a prestar contabilidad, permitida oficialmente, u otros servicios cualificados. Si se necesita asesoramiento, legal o profesional, debería solicitar a una persona con experiencia en la profesión.

Desde una Declaración de Principios aceptada y aprobada tanto por un comité de la American Bar Association (el Colegio de Abogados de Estados Unidos) como por un comité de editores y asociaciones.

No se permite la reproducción, duplicado o transmisión de cualquier parte de este documento en cualquier medio electrónico o formato impreso. Se prohíbe de forma estricta la grabación de esta publicación así como tampoco se permite cualquier almacenamiento de este documento sin permiso escrito del editor. Todos los derechos reservados.

Se establece que la información que contiene este documento es veraz y coherente, ya que cualquier responsabilidad, en términos de falta de atención o de otro tipo, por el uso o abuso de cualquier política, proceso o dirección contenida en este documento será responsabilidad exclusiva y absoluta del lector receptor. Bajo ninguna circunstancia se hará responsable o culpable de forma legal al editor por cualquier reparación, daños o pérdida monetaria debido a la información aquí contenida, ya sea de forma directa o indirectamente.

Los respectivos autores son propietarios de todos los derechos de autor que no están en posesión del editor.

La información aquí contenida se ofrece únicamente con fines informativos y, como tal, es universal. La presentación de la información se realiza sin contrato ni ningún tipo de garantía.

Las marcas registradas utilizadas son sin ningún tipo de consentimiento y la publicación de la marca registrada es sin el permiso o respaldo del propietario de esta. Todas las marcas registradas y demás marcas incluidas en este libro son solo para fines de aclaración y son propiedad de los mismos propietarios, no están afiliadas a este documento.

TABLA DE CONTENIDO

Parte 1 1

Introducción 2

Capitulo Uno.. 9

Lo Que El T.A.G. Implica 9

Capítulo Dos 19

Ahora, Tu Revisión 19

Capítulo Tres.. 29

¿Así Que Tienes T.A.G.? 29

Capítulo Cuatro.. 47

El S.A.G. No Es Una Prisión 47

Guia Rápida Para Liberar La Ansiedad 54

Parte 2 57

Introducción 58

Capítulo 1: ¿Qué Es La Ansiedad? 60

Capítulo 2: Experimentando La Ansiedad Y Sus Variados Síntomas 62

Capítulo 3: Causas De La Ansiedad................................. 65

Capítulo 4: ¿Qué Hacer Y Qué No Hacer Para Vencer La Ansiedad?... 68

Capítulo 5: Tratamiento De La Ansiedad Sin El Uso De Medicamentos... 73

Capítulo 6: Ciertos Pensamientos Cognitivos Que Empeoran Su Ansiedad, Estrés O Preocupación 84

Conclusión 87

Parte 1

Introducción

Felicidades por comprar Aliviando el Desorden de Ansiedad Generalizada. Una guía simple y adaptable para el alivio natural y auto dirigido del Desorden de Ansiedad Generalizada. Si compraste este libro, significa que sientes curiosidad sobre los síntomas, signos y cambios de estilo de vida que giran alrededor del Desorden de Ansiedad Generalizada. Quizá tengas duda de padecerlo, o quizá estas siendo recientemente diagnosticado y te encuentras en la búsqueda de material de cómo enfrentar la nueva dirección que está tomando tu vida. Si deseas aprender sobre los signos, estadísticas, síntomas y métodos naturales de aliviar la ansiedad generalizada de tu vida, entonces estas en el lugar correcto.

Primero que nada, comprende que no estás solo. Más de 6 millones de adultos que residen en los Estados Unidos, actualmente están diagnosticados con T.A.G., el cual se describe usualmente como una preocupación persistente y excesiva sobre las cosas a tu alrededor. Un sin número de cosas diferentes puede disparar un episodio de T.A.G., y para algunos la mera idea de enfrentar el día puede ser lo suficientemente abrumador para disparar episodios de reclusión y preocupación. Las personas que encuentran maneras de lidiar con el T.A.G., les parece demasiado difícil; algunas veces imposible, controlar sus preocupaciones, pudiendo preocuparse más de lo necesario sobre cosas que en realidad requieren que lo hagan.

Quienes luchan con este desorden, experimentan un nivel de ansiedad que incrementa a causa de dicha preocupación, y a veces pueden descubrirse a sí mismos preocupados sobre un "peor escenario", a pesar de que no existe evidencia substancial sobre la mesa que establezca la necesidad de dicha preocupación. Los individuos en la lucha con este desorden suelen también anticipar el desastremás que otros, y suelen encontrarse demasiado consternados y controladores sobre asuntos tales como el dinero, el trabajo y los dramas familiares.

T.A.G. usualmente se diagnostica de manera oficial cuando se ha probado, tras consultas médicas preestablecidas, que la preocupación que experimentan no solo es frecuente, sino difícil de controlar. Una vez que con ayuda del médico se ha establecido un patrón, se da el diagnóstico y se intenta la intervención con medicamentos.

Sin embargo, el uso de medicamentos no siempre se requiere para aliviar la preocupación excesiva y la ansiedad.

Dentro de las paredes de este texto encontraras varias estadísticas para ayudar a hacerte una imagen de que no estás solo, así como múltiples remedios naturales que puedes implementar para abatir tu ansiedad y preocupación. Al contrario de la creencia popular, la ansiedad puede ser curada cuando estos tipos de intervenciones se toman a largo plazo, y pueden incluso resultar en que aquellos diagnosticados con T.A.G., que fueron medicados, puedan dejar el medicamento y sus visitas al doctor disminuyan al mismo tiempo.

Las respuestas encontradas dentro de este libro, no solo te permitirán vivir una vida libre de la sacudida de tu ansiedad y preocupación, estas respuestas también te ayudarán a determinar cuándo presentes síntomas que deban ser vistos por un médico. Esta es una distinción importante; no obstante este libro no sugiere el uso de estas prácticas sin primero consultar a un médico. Existen muchas otras causas subyacentes que requieren ser consideras y probadas antes de dar un diagnóstico de T.A.G., y tu médico estará siempre actualizado sobre las técnicas que puedes usar para abatir y controlar tus preocupaciones y ansiedades.

La información encontrada dentro de este libro no solo te ayudará a encontrar formas alternativas de tratar la ansiedad, sino que también te ayudará a distinguir si requieres ver a un médico por la ansiedad y preocupación que experimentas. Este libro no es solo para quienes han sido diagnosticados; sino también es para aquellos que sienten que algo anda mal con sus experiencias de preocupación y ansiedad, pero aún no desean agendar una visita al médico.

Te puedo prometer que este libro no solo te dará algo en que pensar, te devolverá un trozo de tu vida. Ya sea en la forma de claridad para ganar la confianza para contactar al médico, o en forma de cambiar esas docenas de botellitas naranjas* llenas de píldoras, por algo más substancial y sustentable; este libro te ayudará a navegar esas áreas de tu vida para que encuentres la respuesta que buscas.

Por favor, si aún no has comprado este libro, te insto que lo hagas. Este libro no solo está lleno de sugerencias de autoayuda, sino de estadísticas e información que puede arrojar luz en la obscuridad de la jornada que atraviesas.

No esperes. Enciende esa linterna y mira a

tu alrededor. El T.A.G. y las situaciones que lo rodean pueden ser difíciles de enfrentar, y aún más difíciles de admitir si aún no cuentas con un diagnóstico oficial. Si acudir al médico te hace sentir ansioso, entonces comprende que ver a tu médico por esa ansiedad no es diferente de verlo por una infección o una gripa. La mente es tan importante como lo es el cuerpo, y los médicos tratan cada aspecto del cuerpo, no solo el físico. Su trabajo no es etiquetarte, sino ayudarte. Tu ansiedad produce síntomas físicos que deben ser evaluados, y no hay nada de malo en ello.

Este libro no solo te mostrará que no estás solo, también te mostrará cómo manejarlo por ti mismo, sin importar los medicamentos que quien sea intente meter en tu cuerpo.

*En los estados unidos las prescripciones médicas se entregan de forma personalizada en pequeñas botellas naranjas, a las que hace referencia el autor.

Capitulo Uno

Lo que el T.A.G. implica

Este libro te proveerá de consejos simples y prácticas para reducir drásticamente la ansiedad con la que estas batallando. Las sensaciones abrumadoras que superan al cuerpo cuando las preocupaciones y la ansiedad comienzan a atacar, pueden hacerte sentir que te ahogas en un océano, cuando en realidad te ahogas en un vaso de agua, y pueden hacer difícil sobrellevar un día cualquiera. Y para algunos, la mera idea de sobrellevar un día es suficiente peligro.

Sin embargo, hay muchas cosas que necesitan ser señaladas para dejar claro si el T.A.G.es algo de qué preocuparse, o existe otra causa subyacente para aquello que sientes y estas atravesando.

Las causas potenciales de T.A.G. son:

- Antecedentes familiares de ansiedad.
- Antecedentes familiares de otro tipo de desórdenes psicológicos.
- Exposición prolongada o reciente a eventos traumáticos o estresantes,

tales como tragedias familiares o incluso enfermedades.
- **Abuso infantil.**
- Uso excesivo de alcohol o tabaco, lo que puede exacerbar los síntomas de ansiedad.
- Abuso reciente y traumático.
- T.E.P.T.
- Abandono o sentimiento de abandono.
- Sufrir una pérdida mayor, como la muerte de un familiar o amigo cercano.

Esta es una lista exhaustiva de las causas y factores desencadenantes más comunes del T.A.G., esta lista no resume toda la red de cosas que pueden disparar este tipo de desórdenes basados en la ansiedad. Si no identificas ninguno de tus desencadenantes en la lista, eso no es determinante para decir que no sufres de Trastorno de Ansiedad Generalizada. Así que echemos un vistazo a la lista de síntomas que viene con esos episodios:

Los síntomas del T.A.G. incluyen:
- Dificultad para dormir.

- Dificultad para concentrarse
- Fatiga o agotamiento.
- Irritabilidad incontrolable.
- Dolores estomacales repetidos y/o sesiones de diarrea.
- Tensión muscular.
- Palmas sudorosas
- Temblores.
- Corazón acelerado.
- Estremecimiento de diferentes partes del cuerpo.
- Transpiración detrás del cuello.
- Boca seca.
- Inquietud.
- Percepción poco realista de los problemas.
- Problemas para permanecer dormido
- Ser sorprendido con facilidad.

De nuevo, esta lista de síntomas, aunque exhaustiva, ni siquiera empieza a considerar el total de los síntomas que experimentan las personas que lidian con ataques de preocupación, pánico y ansiedad. Es tan solo una recopilación de los síntomas más comunes que experimentan los individuos y los síntomas que los médicos han atestiguado con sus propios ojos.

Pero quizá compraste esta guía porque no estás seguro si has experimentado sesiones de preocupación excesiva o ansiedad. Quizá estás buscando a alguien a quien contarle exactamente lo que sucede cuando dichos ataquessuceden. Bueno, si es esto lo que buscas, llegaste al lugar correcto.

Cuando alguien experimenta un ataque de T.A.G, generalmente incluye:
- Ataque súbito de pánico abrumador.
- Sensación de perder el control o volverse loco.
- Sensación similar a la muerte.
- Elevación súbita del ritmo cardiaco.
- Hiperventilar.
- Sacudidas y temblores.
- Lágrimas involuntarias.
- Sensación de separación o de que el mundo no es real.
- Abrumadora sensación de terror.
- Bochornos.

- Nauseas o calambres estomacales.

Es importante tener siempre en mente que esta lista exhaustiva comprende las experiencias y síntomas más comunes durante un ataque de T.A.G. Ni siquiera alcanza a incluir todos los síntomas que hasta la fecha han experimentado las personas que viven esta clase de ataques. Y esto puede asustar de verdad, en especial si no comprendes lo que sucede. Pero el T.A.G. no solo se limita a los adultos; también le ocurre a los niños; en especial si se trata de un asunto de química cerebral.

Varios estudios nos han demostrado que existen ciertos genes en el A.D.N. humano, que hacen a las personas más propensas a desarrollar este tipode desorden y sus ramificaciones (como el T.E.P.T. y otros desórdenes de pánico), lo que significa que los niños son también propensos a ello.

Si te preocupan tus hijos, entonces hay que buscar esos signos potenciales que te mostrarán que tus hijos están en camino de desarrollar T.A.G.

- Perfeccionismo, que usualmente viene con exceso de autocrítica y un temor irracional a cometer errores.
- Identificarse con la creencia de que la mala suerte es contagiosa, y que les tocará tenerla de cualquier modo.
- La sensación generalizada de que cualquier desastre en la vida es su culpa y que son la causa de que las cosas se desmoronen (como la línea de pensamientos que tiene los niños durante un divorcio).
- La necesidad constante de afirmación y aprobación frecuente para mantenerse firmes en su propia autoconfianza.

Si tu hijo está desarrollando cualquiera de estos síntomas, entonces vale la pena tener una conversación con el médico acerca de este tema. Mientras más pronto pueda ser diagnosticado, más pronto podrás ayudarle a manejarlo.

Pero este estándar no solo funciona con los niños. Si eres un adulto y experimentas algo de lo enlistado arriba, entonces mientras antes sea diagnosticado mejor, para recibir ayuda al enfrentar esta realidad.

Hay muchas cosas que necesitan las personas que luchan con el T.A.G., pero la más importante es por mucho recibir apoyo. La interacción social con quien de verdad se interesa por ti cuando atraviesas por esto será el mayor apoyo que podrás obtener a tu fuerza, coraje y perseverancia. Del mismo modo, debes poder establecer una persona con la cuál poder hablar sobre estos episodios sin que te digan que vales menos, o que eres una carga... porque no es así.

Por tanto, es imperativo para algunas personas que enfrentan el T.A.G. se deshagan de algunas relaciones poco saludables que les rodean. Las relaciones poco saludables y el patrón que estas establecen no harán más que llevarte en picada en un mundo de preocupación y ansiedad innecesarias, debido a la inseguridad que tienes sobre dichas relaciones. Pregúntate lo siguiente: La persona con la que estas teniendo dicha relación ¿desaparece y aparece sin previo aviso, y te hace necesitar de su presencia? ¿Te prueba intencionalmente? ¿Te hace acusaciones para orillarte a la depresión con alguna especie indefinida de culpa? ¿Es demasiado pegajosa? Si algo de esto está presente en las relaciones que tienes con los demás, vale la pena considerar que tipo de atmósfera positiva traen a tu vida. Todos tienen sus defectos e imperfecciones, pero los que están luchando con el T.A.G. no pueden darse el lujo de permitir una relación poco saludable o toxica.

Si alguien que te importa cae en la categoría descrita anteriormente, estas preguntas te harán ver si está trayendo algo substancialmente positivo a tu vida; si no es así, es tiempo de dejarle ir. Esto te permitirá construir un sistema de soporte fuerte, lo que es vital para alguien que vive y lidia con el T.A.G. Los seres humanos somos por naturaleza creaturas sociales, y por ello los que enfrentan el T.A.G. también suelen batallar con cosas como el desorden de bipolaridad y depresión:

porque les aleja de hacer lo que su cuerpo está programado para hacer de manera natural. Los humanos no tienden a vivir aislados, pero el S.A.G puede hacer a las personas sentirse de ese modo. Si logras construir un sistema de soporte suficientemente fuerte, ayudará con los sentimientos de aislamiento y soledad, porque te habrás rodeado de personas que quieren sacarte adelante, y verte salir adelante.

Nunca subestimes el beneficio de rodearte de personas en las que verdaderamente puedes confiar. No solo te ayudarán a salir adelante en los momentos en los que más los necesites, también estarán para ti cuando sientas que estas por caer en espiral. Una vez que reconozcas los síntomas de sentirte sobrepasado, puedes hacer uso de este apoyo del cuál te has rodeado, quienes te apoyarán y guiarán en estos duros momentos de tu vida.

Ellos pueden ayudarte a hablarlo, para identificar los disparadores que comienzan la espiral en primer lugar. Esto te ayudará a establecer una lista de lo que debes evitar en tu vida, para no disparar los episodios. Cada episodio de ansiedad y preocupación, tiene un punto de origen que lleva tu mente a la obscuridad de un ataque, y algunas veces simplemente no podemos ver dicho punto de origen por nosotros mismos. Tener una red de apoyo de personas con quien hablar, puede ayudar a identificar estos puntos, para que puedan ser evitados, reduciendo con esto el número de episodios experimentados.

De cualquier forma, no te apresures a auto diagnosticarte. Visitar a un médico para que pueda llevar a cabo algunas pruebas es esencial para llegar al diagnóstico. Existen muchas otras cosas que causan ansiedad y problemas de pánico que no se asocian con un diagnóstico de T.A.G, y tu médico querrá realizar algunas pruebas que las eliminen.

Capítulo Dos
Ahora, Tu Revisión

Para que tu médico pueda oficialmente diagnosticar S.A.G., primero realizará toda clase de evaluaciones físicas generales. Buscaran signos que demuestren que la angustia y preocupación que se experimentan no se deban a alguna condición física o mental subyacente. Solicitan pruebas de sangre y orina, y quizá algunas otras si creen posible encontrar alguna otra condición que pudiera ocasionarlo. Te harán innumerables preguntas sobre tus antecedentes médicos personales y familiares así como sobre tus síntomas, por ello asegúrate de ser tan sincero con tu médico como sea posible. Esto le ayudará para poder determinar si es algo que pueda ser diagnosticado o se requieren aún más pruebas para determinarlo. Entonces, de ser necesario, el médico utilizará un cuestionario psicológico que le ayude a determinar el diagnóstico.

Muchos médicos utilizan el Manual de Estadísticas y Diagnóstico de Enfermedades Mentales para ayudarle en el diagnóstico individualizado. Esto no significa que no sepa por lo que estás pasando, ni tampoco que tu "estás loco". Si tu médico acude a todas estas opciones para ayudar con el diagnóstico, solo significa que está siendo lo suficientemente minucioso para eliminar cualquier otra opción que pueda estar causando los síntomas antes de dar un diagnóstico de T.A.G.

¿Por qué? Porque si un individuo es incorrectamente diagnosticado y se le da la medicación errónea, puede tener efectos secundarios no deseados que afecten el estilo de vida de la persona. Y no solo eso, también ayudará a probar a las compañías de seguros acerca de la situación médica subyacente para el paciente, y llevará a la mayoría de las aseguradoras a cubrir o reembolsar los tratamientos.

Pero no te alarmes si aún después de haber sido diagnosticado con el T.A.G., tu médico ordena un perfil de deficiencia vitamínica, ya que muchas vitaminas pueden ayudar a abatir los síntomas experimentados por los que enfrentan cada día este desorden.

Una vez que el individuo es diagnosticado con T.A.G., usualmente será referido a un psicólogo o psiquiatra. Esto no es de preocuparse, es una medida preventiva debido a que el T.A.G. usualmente se acompaña de otras afecciones mentales con las que se debe lidiar. Muchas personas que enfrentan el T.A.G. también luchan con depresión, pero otras cosas que pueden emerger debido al T.A.G. son fobias, T.E.P.T., otros desórdenes de pánico y sentimientos de desapego del mundo alrededor. Estos requieren ser atendidos por un profesional especializado.

Otra cosa que puede causar que aflore una ansiedad y preocupación de tal magnitud son las deficiencias de vitaminas. Si el cuerpo humano tiene deficiencia de complejo B, magnesio, vitamina D, triptófano y/o calcio, esto puede promover sentimientos de ansiedad y preocupación, ya que la escasez de estas vitaminas en el cuerpo causa un impacto inherente.

Por ejemplo, si el calcio es escaso en el cuerpo, el sistema nervioso sufrirá, ya que el calcio es una de las fuerzas más importantes detrás del balance del sistema nervioso. ¿En qué consiste? Uno de los más importantes trabajos del sistema nervioso es mantener en balance los impulsos químicos del cerebro que controlan los estados emocionales. Algunos síntomas físicos de la deficiencia de calcio imitan el desorden de pánico, como lo son los temblores, palpitación del corazón y estremecimiento de las extremidades.

Otro ejemplo: si el cuerpo se encuentra deficiente de complejo B, la persona puede empezar a experimentar que el sistema nervioso se ralentiza, lo que contribuye al agotamiento. Si dicho agotamiento cae en espiral, puede provocar paranoia inducida por fatiga, lo que bien puede ser tomado como ansiedad. Sin embargo, las vitaminas del complejo Bpueden ser también las que el médico recomendaría para una persona correctamente diagnosticada, debido a que está demostrado que ayuda de manera efectiva a controlar los impulsos obsesivos.

El magnesio es otra de esos minerales que el médico podría recomendar si la persona ha sido diagnosticada con T.A.G. Estudios científicos han demostrado que el magnesio puede ayudar a tratar los principales efectos secundarios de la depresión y ansiedad. La deficiencia de Magnesio es la más común en todo el mundo, debido a que es tan necesaria en miles de los procesos de comunicación y las funciones que realiza el cuerpo a lo largo del día; y, sin embargo, el 75% de los individuos sufren deficiencia del mismo. Aún si el médico no recomienda un aumento en tu consumo de magnesio, sugiero hables con él al respecto.

El triptófano, ya mencionado antes, es el primer aminoácido recomendado en tiendas cuando se trata de regular y ayudar con el estrés y la ansiedad. Cuando este importante aminoácido es ingerido, atraviesa por diferentes estados antes de alcanzar su estado final.... que resulta ser la serotonina. Si no sabes lo que es esto, se trata de la "hormona de la felicidad" la cuál suele estar en desequilibrio en el cuerpo cuando la persona sufre de ansiedad, depresión o preocupación. Y no solo eso: la serotonina ayuda a regular el sueño, el ánimo y el apetito. Cuando es escaza, es difícil conciliar el sueño y el humor será cambiante; el apetito puede desaparecer o aún elevarse estrepitosamente. Esta es una de las deficiencias que los médicos buscarán primero cuando realizan un perfil de deficiencia vitamínica por sus notorias consecuencias si su presencia es escaza en el cuerpo.

No te alarmes si tu médico te pide que compres vitaminas para llenar estos huecos antes de continuar con más exámenes. A veces el diagnóstico de T.A.G. requiere de eliminar otros caminos, no está solo intentando deshacerse de ti o ignorando tus inquietudes. Solo está tomando el control de la situación un paso a la vez para asegurarse de que el diagnóstico es correcto, antes de sentarse contigo a definir cuál es el mejor camino para ti para enfrentar la situación.

Si la idea de ir al médico te hace sentir pánico, hay algunas cosas que puedes hacer para prepararte para tu cita. No podrás obtener un diagnóstico preciso sin antes enfrentar algunas citas, pero hay algunas cosas que puedes formular por ti mismo para sentirte menos cegado con lo que está ocurriendo.

Lo primero es hacer listas. Escribe los síntomas que experimentas, tus disparadores(si los has identificado), cada problema de salud que padeces, cada medicamento que consumes, los miembros de tu familia que han atravesado por situaciones similares y cualquier pregunta que tengas para tu médico. Eso te ayudará a mantener el control de tu cita y a dar a tu médico la más acertada y valiosa información que te es posible para que pueda apoyarte durante este viaje.

Si no tienes preguntas por hacer, aquí

hay algunas buenas ideas que te pueden ayudar a empezar:

- ¿Qué exámenes tendrán que hacerme?
- ¿Cuáles son las opciones que podrían estar causando mis síntomas?
- ¿Algún material impreso que pueda llevarme para leer?
- ¿Necesitaré tomar medicamentos? ¿Existen otros caminos aparte de los medicamentos?
- ¿Será necesario acudir a un psicólogo o psiquiatra?
- ¿Mis antecedentes familiares tienen que ver con esto?

Este tipo de preguntas no solo te permitirán obtener información precisa según sea el caso, también le demuestran al médico qué es lo más importante para ti en medio de este proceso. Lo que preguntes es igual de importante que lo que no preguntes. Si no vas preparado, la cita puede resultar dispersa, sin foco, y el médico podría asumir que las cosas no son tan serias como tú le dices que son.

Esta lista te ayudará a permanecer en el tema de lo que sientes, lo que dispara estos sentimientos, y puede darle al médico una vista cercana de lo que tus episodios son, y le ayudará a aterrizar posibles diagnósticos y causas mucho más fácilmente.

Una vez que tu médico general lleve a cabo los exámenes correspondientes, haya tomado el caso paso a paso, eliminado otras causas posibles para tu ansiedad, y evaluado tu historial familiar, es tiempo para hablar del tratamiento. Desafortunadamente, muchos médicos utilizan, por defecto, las píldoras y antidepresivos para ayudar a enfrentar este desorden, pero los medicamentos usualmente pueden causar graves efectos secundarios que afectan el estilo de vida de la persona aún más al ralentizar su ritmo. Algunos podrán recomendar un camino llamado psicoterapia, donde la medicación es determinada por un psiquiatra, quien se sienta contigo frecuentemente y habla acerca de tu vida, tu estado mental actual y tu pasado.

Sin embargo, la ansiedad puede ser manejada de manera personal con algunos consejos fáciles de seguir que se engloban en el siguiente capítulo. Desde el incremento en el consumo de agua hasta caminatas diarias, estos consejos son acciones naturales que pueden ser controladas por el individuo, y en algunos casos ese elemento de control ayuda a abatir los síntomas de ansiedad y preocupación en primer lugar. Ten en mente que existe una multitud de cosas que un individuo puede hacer para vencer a la ansiedad y disipar los episodios de depresión, pero los consejos que encontrarás a continuación están respaldados por estudios científicos supervisados por los ojos de un buen número de prominentes e inteligentes investigadores y médicos.

Capítulo Tres
¿Así que tienes T.A.G.?

- Rango de prevalencia de 3 a 8%
- La proporción de mujeres a hombres con el síndrome es alrededor de 2 a 1
- 50 a 90 por ciento de los pacientes con Ansiedad Generalizada presentan otro desorden mental.

Cuando se trata de manejar la ansiedad, hay dos formas básicas de tratamiento usadas por los médicos: la psicoterapia y la medicación. 19 millones de adultos en los Estados Unidos sufren en soledad con algún tipo de diagnóstico de desorden de ansiedad, y la medicación ha opacado la habilidad de buscar otras opciones de ayuda, o incluso de implementar tácticas que el paciente pueda manejar y ajustar a sus propias necesidades.

Prescribir medicamentos puede ser el camino más fácil para tratar cualquier desorden de ansiedad, pero estos vienen con una multitud de efectos colaterales.

Algunos medicamentos que tratan el desorden de ansiedad tienen los más altos rangos de dependencia en el mercado, y los sedantes han demostrado ser los más adictivos. Así, algunos de los efectos colaterales de los antidepresivos que el médico puede prescribir son el aumento de peso, disminución de la libido, y descontrol estomacal.

Estos son el tipo de efectos colaterales que preocupan a las personas con T.A.G en primer lugar, y por ello es que en ocasiones dichos medicamentos terminan haciendo más daño que bien en el largo plazo, aunque a corto plazo, las consecuencias serán lidiar con los problemas que vienen con el desorden de ansiedad. Se han llevado a cabo numerosos estudios de investigación que nos demuestran que las píldoras por si mismas no son suficientes para un tratamiento a largo plazo para los que se enfrentan con algún desorden de ansiedad, y que debiera ya sea combinarse con psicoterapia, ingesta de vitaminas u otras tácticas que el paciente puede implementar en casa.

Desde el mundo de la psicoterapia existen dos caminos utilizados por los expertos: Terapia Cognitiva y Terapia Conductual. En el escenario de una terapia cognitiva, el terapista ayuda al paciente a adaptar los pensamientos disparadores a otros que sean más aptos. Por ejemplo, la terapia puede aflorar el hecho de que un cuarto abarrotado es un disparador para el paciente. El terapista creará un acercamiento a dicho escenario mostrando un mecanismo que el paciente podrá poner en práctica cuando lo enfrente en la vida real, con la finalidad de mantener a raya la sensación de pánico. Pero en la terapia conductual, el terapista ayuda al paciente a combatir los comportamientos indeseables que giran en su cabeza debido a la ansiedad. Por ejemplo, el terapista guiará al paciente en técnicas de relajación y respiración profunda que pueda utilizar cuando empiece a presentar hiperventilación o temblores como resultado de un estado de pánico ya en proceso.

Una de las mejores cosas que puede tener un paciente con T.A.G. es un fuerte sistema de soporte. Por ello antes señalamos la importancia de deshacerse de las relaciones toxicas en su vida. Las personas con las que te rodeas siempre afectarán tu manera de ver el mundo, lo que opinas de la vida y cómo te sientes sobre ti mismo. Si estas rodeado de personas que tienen una actitud positiva ante la vida, te ayudará a mirarla del mismo modo. Si, por otro lado, eres constantemente bombardeado por individuos que solo ven las desventajas de la vida, desestimando las ventajas, lo encontrarás como un gran peso en tus hombros. Esto incluso podrá disparar eventos de ansiedad más frecuentes.

Muy aparte de lo anterior, existen otras cosas que un individuo puede hacer que ayudarán a enfrentar el T.A.G. a largo plazo. Una de ellas es apegarte a tu tratamiento. Al principio, se intentarán una serie de opciones en la búsqueda de la mejor combinación para ti. Cuando hayas encontrado esa combinación de oro, apégate a ella. Mantén tus citas de terapia si son parte del plan, y comprende la importancia de ser consistente. Cuando alguien está intentando perder peso y comienza una nueva dieta ¿funcionará si solo la sigue por dos o tres meses y enseguida abandona? ¿Qué sucedería entonces?

Bueno, si acaso perdió algo de peso, por lo general lo ganaran de nuevo. Es la definición de efecto rebote.

No rebotes tu desorden de ansiedad. Si te toma cuatro meses encontrar tu combinación de oro, pero solo te apegas a ella durante un mes, en cuanto vuelvas a los viejos hábitos revertirás todos los progresos que has tenido. Esto deteriora tu salud mental, y desde luego puede empeorar los ataques de pánico y ansiedad, dependiendo de cómo elijas enfrentar dicho escenario.

Otra cosa que ayuda a muchos individuos es unirse a un grupo de apoyo. En grupos como estos, al igual que con cualquier otro grupo, puedes encontrar compasión y comprensión para lo que estas atravesando. Las personas compartirán historias similares que podrán ayudarte a tranquilizar tu mente, al comprender que no estás solo en esta lucha, y podrás encontrar personas en las que puedas confiar, trayendo con esto muchos beneficios a tu vida. Si estar en una multitud coincide en ser uno de tus disparadores, comenzar con un grupo pequeño como estos puede incluso ser un mecanismo de ayuda; puedes socializar con aquellos que te comprenden, sin necesidad de rodearte por completo de gente que no conoces.

Algo increíblemente importante para este proceso es la idea de romper el ciclo. El gran riesgo de las personas que sufren de ansiedad es que se estancan en sus rutinas, y son esas rutinas las que incorporan disparadores de ansiedad a su vida. Por ello es imperativo buscar la forma de romper esos ciclos. Si comienzas a sentir ansiedad, detente y piensa que es lo que acaba de pasar. Si es difícil pensar, sal por un momento a una caminata. Toma algunas respiraciones profundas y respira aire fresco. Algunas ocasiones, el solo estar encerrado en una habitación puede inducir ansiedad. Si no rompes el ciclo en el que has caído, quizá nunca logres identificar los disparadores y aquello de lo que requieres alearte.

Romper el ciclo te ayudará a identificarlos, lo que por consecuencia ayudará a controlar el T.A.G. a largo plazo.

Otro punto que la mayoría de la gente no disfruta es la socialización. El mayor disparador del 15% de los adultos que enfrentan a nivel mundial desórdenes de ansiedad es la idea de socializar. Y para muchos, es comprensible debido a alguna experiencia por la que atravesaron. Es por ello que promover pequeños momentos de socialización es imperativo. Para una mente ansiosa, permanecer encerrado y solo puede deteriorar su salud, a pesar de que el individuo crea que solo se está manteniendo apartado de sus disparadores. Algunos pueden llegar al punto de romper lazos con sus amigos y familiares. Ahora, si rompiste con esos lazos porque no son saludables para ti, entonces te felicito y te invito a perseverar y ser fuerte. Pero si rompes con estos lazos para intentar evitar el disparador de la socialización, entonces este no es el mejor curso de acción. Estas personas a las que amas pueden ser aquellos en los que te apoyes y busques soporte y a quienes podrás acudir cuando necesites hablar, y aislarte solo será un agravante de la situación.

Si la socialización es un disparador, entonces encuentra la manera de evitar áreas de mayor tráfico de personas: ve al supermercado temprano por la mañana o muy tarde por la noche para evitar multitudes; toma tu hora de lunch una hora después que los demás para evitar la hora pico, viaja a media semana en lugar de en fin de semana para evitar tráfico que te provoque ansiedad. Eso te mantendrá en contacto con gente sin hacerte sentir inmerso entre la gente, y puede ser un escalón para lidiar con ello sin retirarte por completo.

Sin embargo, lo más importante que jamás harás es simplemente tomar acción. Habla con tu médico en lugar de solo escribirle para que te de indicaciones, mantén un diario de tus emociones, ataques y disparadores para poner al tanto a tu médico con precisión. Si tomas medicamento, lleva la cuenta de los efectos colaterales para que tu médico pueda hacer los ajustes necesarios. Encuentra a alguien que te comprenda y con quién cotejar esta información. Ser proactivo sobre el T.A.G. ayudará mucho con el manejo a largo plazo, y puede mejorar mucho la calidad de vida que tendrás aun viviendo con el desorden de ansiedad.

Pero estas no son las únicas cosas que puedes implementar para ayudarte en el trayecto de lidiar con T.A.G. Hay muchas cosas que puedes hacer desde la comodidad de tu casa que no solo ayudarán a largo plazo, sino que te dan opciones para encontrar el mejor balance para ti. Ten en mente que tu médico deberá saber siempre que clase de técnicas estas implementando. La siguiente lista de consejos te ayudará a manejar la ansiedad de manera natural.

ENFOCATE EN TI MISMO
Por ejemplo, si disfrutas de la repostería, entonces hazlo como mecanismo para manejar los primeros síntomas de ansiedad. Si existe un deporte que disfrutes, únete a un equipo y juega. Reemplaza los pensamientos ansiosos con pensamientos y actividades de lo que amas hacer, esto te apartará de un ataque de pánico inducido.

Busca pequeñas victorias y celebralas
Por ejemplo, si es el primer día sin vivir un ataque, ¡celébralo! Compra un poco de tu helado favorito, o prepara tu cena favorita. Si es tu primera salida social sin entrar en pánico, ¡Celébralo! Estos pequeños logros no solo merecen celebrarse: la celebración en sí estará mejorando tu calidad de vida.

Participa en actividades de humor
Ve una película cómica, ve a ver un stand-up. El humor y la risa promueven naturalmente la producción de serotonina, la cual no solo ayuda al cuerpo a sentirse bien, sino que produce una sensación de

tranquilidad.

Come saludablemente

Existen muchos alimentos que se obtienen con facilidad que pueden promover el tener bajos niveles de ansiedad. Cosas como los espárragos, las naranjas, las almendras, moras, aguacate, el salmón y las espinacas tienen altos contenidos de algunos nutrientes como ácido fólico y folatos, que son dos minerales imperativos para controlar la ansiedad. Puedes encontrarlos en cualquier supermercado, y vale la pena incluirlos en tu dieta diaria para apoyarte con el control de la ansiedad y el pánico.

Por otro lado, existen alimentos que promueven estados de ansiedad, como la cafeína, alto consumo de azúcar, el alcohol y las carnes altamente procesadas, como las salchichas. Estas últimas no solo promueven los ataques de ansiedad y pánico, sino que los hacen peores.

Sal y presta una mano amiga

Siempre que inviertas algo de tu tiempo en alguna obra de caridad u ofrezcas voluntariado en cualquier parte, ayudar a aquellos que no pueden ayudarse por sí mismos, te dará un sentido de propósito que puede aliviar la ansiedad y los pensamientos estresantes.

¡DUERME!

La privación del sueño puede causar una caída del metabolismo, lo que puede resultar en aumento de peso y destruir el sistema inmune, y puede incrementar las posibilidades de un evento cardiaco. No solo eso, el agotamiento que viene de la falta de sueño puede producir sentimientos de paranoia que disparen ataque de ansiedad. Una buena noche de sueño no solo le permite al cuerpo tiempo para repararse a sí mismo del desgaste del día anterior, también le permite al cerebro regular sus propias reacciones químicas. Dormir suficiente evitará episodios de pánico inducido.

BEBE AL MENOS 1.5 L DE AGUA POR DÍA.

El agua no solo ayuda a eliminar las toxinas del cuerpo, ayuda al cuerpo a hidratarse. El cerebro requiere una cantidad substancial de agua para operar diariamente, y si presentas cualquier nivel de

deshidratación, corres el riesgo de romper el balance químico de tu cuerpo e inhibir sus reacciones. Y no solo eso: la deshidratación puede dañar permanentemente tusórganos internos. Si quieres que tu cuerpo sea tan saludable como puede ser, debes atender todas las facetas de tu salud. Mantente hidratado para mantener el balance de los procesos químico y hormonal, así como para eliminar de tu cuerpo las toxinas dañinas que promueven los estados de ansiedad.
VISTE CONFIADAMENTE
El cuidado de ti mismo será uno de los componentes importantes de lidiar con la ansiedad. No te preocupes por tu apariencia por el hecho de que la sociedad asume que debes hacerlo, sino porque te hace sentir mejor. Si te gusta la pedicura, entonces realízate una. Si te gusta usar blusas holgadas, entonces compra un par con las que te veas genial. Esto puede ser un excelente mecanismo de reconocimiento, también elevará tu autoestima, lo cuál te ayudará a mejorar tu diaria actitud.

Toma descansos frecuentes del trabajo

La vida es inherentemente estresante: solemos tener horarios sobrecargados sin paga por los tiempos extra, y mucha gente se encuentra bajo presión constante por el temor a perder su empleo. Por ello es tan importante tomar vacaciones regularmente: este tiempo apartado puede ayudar a aminorar el estrés y salir por un tiempo de situaciones que son, de por sí, estresantes, disminuyendo las probabilidades de sufrir un ataque de ansiedad

Consume agua de coco, sandia, plátano y multivitamínicos

¿Recuerdas cuando hablamos de esas vitaminas que han probado ser de gran ayuda para quienes enfrentan desordenes de ansiedad? Es imperativo asegurarte de incluirlas en tu dieta. Los plátanos en particular actúan como un excelente beta bloqueador, que es una medicación común prescrita por los médicos para tratar la ansiedad. La sandía tiene una de las más altas concentraciones de vitamina B6, más que ninguna otra fruta o verdura en el mercado. Esta es una de las más importantes vitaminas para ayudar en la producción de la química cerebral que regula el pánico y la ansiedad. Entonces, tenemos el agua de coco, está llena de vitaminas y minerales que no solo ayudan a regular los químicos en el cerebro que promueven la ansiedad, sino también ayudan a disminuir las posibilidades de padecer depresión en los que enfrentan cualquier desorden de ansiedad. Asegúrate de incluirlos todos en tu dieta.

Evita las situaciones complejas hasta que desarrolles tu confianza

Usa las tácticas descritas arriba para ayudarte a volver a situaciones sociales (por ejemplo, tu regreso paulatino al supermercado) si tienes fobias particulares, puedes buscar tratamiento de inmersión para ayudarte a combatirlas.

Ten a alguien con quién hablar

Ten siempre un amigo cercano o un familiar con quien puedas hablar acerca de lo que estas enfrentando. Saber que tú también puedes necesitar ayuda, y que haya alguien para ayudarte, puede ser un alivio enorme para tu situación mental.

Toma caminatas frecuentes

Toma caminatas de 10 minutos todos los días para alimentarte de las vistas, aromas y sonidos. Esto no solo funciona como una excelente táctica de distracción, sino que también te ayudará a una paulatina re inmersión al mundo cuando te has apartado drásticamente a causa de tu desorden de ansiedad.

Medita para encontrar la paz interior

Medita de 10 a 15 minutos al día. Esto puede aclarar bloqueos mentales importantes y ayudarte a estar más a tono con tu disposición interior, lo que puede ayudarte a aliviar las nubes de la ansiedad auto inducida.

¡consigue un nuevo trabajo!

Si parte de tu ansiedad e infelicidad es causada por tu trabajo, entonces comienza a buscar uno nuevo. Publica tu curriculum vitae en sitios como boomerang o computrabajos y ábrete a las nuevas oportunidades que puedas encontrar. Algunas veces un cambio en la carrera personal puede aliviar una gran cantidad de estrés. Si no se abren nuevas puertas, siempre es una opción volver a la escuela.

Ve videos de psicología positiva.

Canales de youtube como bucay oficial (del escritor español jorge bucay), secretos de la vida y la voz de tu alma suelen publicar videos de increíble motivación enfocada a motivar a la mente a lograr lo que cree que no puede lograr. Ver este tipo de videos es una excelente forma de elevar tu disposición sin agotar a tu cerebro leyendo textos sin sentido.

Rodeate de gente positiva

La gente de la que te rodeas siempre te afectará en alguna medida. Si te mantienes rodeado de personas positivas, te afectarán de manera positiva.

Si sigues cada una de los consejos señalados arriba, estarás en excelente camino para manejar la ansiedad por ti mismo. Contrario a la creencia popular, la ansiedad es manejable y en algunos casos, puede ser curada por completo. Por ello es imperativo asegurarse de que dichos consejos sean acompañados de toda tu habilidad: mientras más puedas hacer por ti mismo, menos dependerás de fuerzas externas para apoyarte. Esto no solo mejorará tu autoestima, sino que aumentará la confianza en que eres capaz de vivir la vida como tú lo elijas.

Es importante que entiendas a lo largo de este viaje que la T.A.G. no es una prisión.

Capítulo Cuatro
El S.A.G. no es una prisión

Lo que debes entender es que no estás solo. El desorden de ansiedad afecta al 19% de los adultos solamente en los Estados Unidos, en donde hay en la actualidad alrededor de 40 millones de adultos entre los 18 y los 54 años. Pero la aterradora estadística es que 30% de la población mundial sufre de algún tipo de ansiedad no diagnosticada. Todos estos adultos no están buscando tratamiento, no intentan buscar técnicas para lidiar con ella, y no están bajo el cuidado de algún médico que les ayude a navegar este viaje tenebroso. Y aún dentro del 19% de adultos que si busca un tratamiento, solo el 10% será tratado correctamente.

Esto es lo que hace tan importante mantener un diario de tus síntomas y disparadores, y siempre hacer preguntas. Las personas confían en que los médicos siempre buscarán nuestro bien, pero ellos solo pueden trabajar con la información que nosotros les proporcionemos.

Un factor muy importante que los médicos y psicólogos buscarán será saber si una persona es feliz con su trabajo. ¿Por qué? Porque un altísimo 41% de adultos alrededor del mundo proclaman que la mayor parte de su ansiedad viene de su lugar de trabajo. El ser infeliz con la elección de carrera que uno ha hecho, solo pueden hacer que el cuerpo cobre factura.

Los desórdenes de ansiedad y especialmente el T.A.G. son el tipo más común de enfermedad en los Estados Unidos. Son altamente tratables y muy manejables, y aquellos que buscan tratamiento y siguen lo que sus médicos les indican van a la cabeza en cuanto a mejorar el estilo de vida. Desafortunadamente, solo el 30% de personas que padecen desórdenes de ansiedad y pánico inducidos reciben el tratamiento adecuado.

Y no solo eso; cerca del 50% de los que son diagnosticados con desorden de ansiedad son también clínicamente diagnosticados con depresión. Es muy común que ambos vayan de la mano, al igual que algunos tratamientos médicos. Los consejos enlistados arriba son formas en las que el individuo puede manejar apropiadamente sus estados de ansiedad y preocupación de una manera saludable sin ponerte en riesgo de desarrollar adicción a los medicamentos o de recibir un tratamiento inadecuado. Siempre debes buscar la ayuda de un médico e informarle los tratamientos de apoyo que estas intentando. Pero si tu médico no apoya la ruta que has elegido seguir, entonces no temas buscar una segunda opinión.

A fin de cuentas es tu vida. Tomar el control de tu tratamiento médico te permite encontrar maneras de manejar el T.A.G. a largo plazo, al igual que cualquier otro diagnóstico que resulte como consecuencia de lidiar con pánico y ansiedad. Es importante reiterar dos cosas específicas: 1.- no estás solo y 2.- la ansiedad es manejable. Es posible vivir una vida maravillosa, social y plena después de ser diagnosticado con trastorno de ansiedad, y si todos los disparadores son enfrentados, y aprendes a lidiar con ellos, es posible controlar del todo el trastorno de ansiedad.

Estas estadísticas son muy sorprendentes, sobre todo tomando en cuenta el número de personas que viven con algún desorden de ansiedad sin diagnosticar. Y ya que la inmersión en la tecnología y los sonidos distractores se hacen parte esencial de nuestras vidas, nuestro enfoque siempre está brincando de una tarea a otra, al escuchar un sonido particular. No solo eso, con la conexión que nos permite la tecnología, esto solo produce que los adictos al trabajo lleven mucho de su trabajo a casa, lo que significa traer el estrés de la oficina con ellos. La mente es un mecanismo poderoso, con la velocidad de un reloj de 200 disparos por segundo. Esto significa que el cerebro humano promedio inicia procesos que nos permiten interpretar o retener información 200 veces cada segundo.

Eso hace un promedio de 1 millón de inicios por día. Ello significa que el cerebro puede crear asociaciones entre el mundo físico y el mundo emocional increíblemente rápido. La gente que trae su trabajo a casa, y todo el estrés que viene con ello, pronto se encontrarán ansiosos por el tema en sus camas aun cuando han terminado el trabajo por ese día. ¿Por qué? Porque su cerebro habrá usado un poco de esos 17 millones de computaciones para relacionar el estrés y las emociones negativas con un objeto físico que rutinariamente utiliza en casa. Esto puede llegar a ser muy peligroso para los que enfrentan desórdenes de ansiedad, y es otra razón por las que el porcentaje de adultos diagnosticados con T.A.G está en aumento.

A pesar de que la tecnología ha simplificado nuestras vidas, también las ha llenado de mayor estrés. Lo que abre la puerta a la ansiedad.

Lo admito, te hemos lanzado mucha información en este libro. Por ello encontrarás más abajo una página imprimible que incluye un resumen de lo que te hemos dado hasta ahora. Si lo deseas, la puedes imprimir y pegarla en el espejo del baño, llevarla en tu portafolio de trabajo o ponerla en el refrigerador para recordar las cosas que requieres hacer. Desde lo que necesitas para cada cita médica, hasta consejos para mantener la ansiedad a raya, estos puntos te ayudarán en tu jornada para lidiar sanamente con tu ansiedad y, esperamos, eliminarla por completo.

Si has leído todo el libro, estoy orgulloso de ti. El solo leer este material significa que te has dado cuenta de que algo no está bien, y buscas responder tus dudas. Tomar este pequeño paso te asegura que estas en el camino correcto para una completa recuperación, y requiere de mucho coraje y fortaleza.

Aún existen muchas personas con pensamientos y sentimientos de ansiedad que aún no han comprado esta guía. Muchas personas que sufren de ansiedad o pánico se alejan de la clase de cosas que les pueden beneficiar, por la incertidumbre que conlleva. Por favor, si esta guía te ha ayudado en algún modo, compártela. Cuéntale a aquellos que lo requieren cómo te ayudó e invítalos a buscar el conocimiento y educación que requieren dentro de esta guía. Ayúdales a tomar la misma valiente decisión que tú tomaste y que puede cambiar sus vidas.

Tanto yo, como la persona a quien tu testimonio pueda ayudar te estaremos siempre agradecidos.

GUIA RÁPIDA PARA LIBERAR LA ANSIEDAD

Imprime esta página y mantenla donde puedas verla fácilmente. Este resumen te ayudará con todo lo que requieres para manejar tus citas médicas hasta señalar los consejos que puedes implementar por ti mismo para manejar la ansiedad desde casa.

PARA TUS CITAS MÉDICAS RECUERDA SIEMPRE TENER:
- Tu diario actualizado con tus disparadores y síntomas.
- Cualquier pregunta que quieras hacer al médico.

UTILIZA ESTOS CONSEJOS PARA CONTROLAR TUS EPISODIOS DE ANSIEDAD:
- Enfócate en ti y no en tus pensamientos.
- Celebra cada pequeña victoria.
- Siempre participa en actividades llenas de humor.
- Mantén una dieta saludable.
- Incluye siempre en tu dieta

multivitamínicos, bananas, sandia y agua de coco.
- Bebe al menos 1.5 litros de agua al día.
- Sal de casa y ofrece un servicio voluntario para alguna causa de tu interés.
- Que tu descanso nocturno sea suficiente
- No temas invertir en ti mismo y viste como te gusta.
- Toma vacaciones y descanso del trabajo regularmente para hacer algo que ames sin el peso del trabajo sobre ti.
- No te pongas en situaciones estresantes antes de que te sientas listo. Es mejor introducirte a ellas lentamente.
- Toma una caminata diaria de 10 minutos mientras respiras profundamente y tomas aire fresco.
- Medita de 10 a 15 minutos diarios en un espacio que te haga sentir bien.
- Si tu trabajo te produce ansiedad, toma medidas para buscar nuevas oportunidades.
- Mira un video de psicología positiva

cada día para ayudarte a liberar tu mente de pensamientos ansiosos y reemplazarlos por algo bueno en que pensar.
- Rodéate de personas felices y positivas.

Parte 2

Introducción

Quiero agradecerle y felicitarle por descargar el libro.

Este libro contiene pasos y estrategias comprobadas sobre cómo superar la ansiedad y tener confianza para vivir su vida.

Si está asustado o preocupado por las incertidumbres de la vida, le resultará difícil relajarse y divertirse. Siempre puede sentir que algo malo le puede suceder a usted o a sus seres queridos. Tal condición se conoce como ansiedad. En algunos casos, generalmente disminuye a medida que la fuente del miedo se reduce con el tiempo. Pero cuando sigue persistiendo en su mente, en realidad le quita la alegría a su vida.

Preocuparse está bien, siempre y cuando lo motive a tomar medidas para resolver un problema. Pero cuando alguien está preocupado con dudas todo el tiempo, seguro que es un problema grave.

Afortunadamente, hay muchas técnicas o remedios que pueden ayudarlo a controlar sus niveles de ansiedad de manera efectiva. Echemos un vistazo a estos de cerca.

Gracias de nuevo por descargar este libro, ¡espero que lo disfrute!

Capítulo 1: ¿Qué es la ansiedad?

Si está asustado o preocupado por las incertidumbres de la vida, le resultará difícil relajarse, divertirse y mucho más funcionar normalmente. Siempre puede sentir que algo malo le puede pasar a usted o a sus seres queridos. Esta condición se conoce como ansiedad. Aunque este sentimiento anormal de duda o aprensión desaparece cuando disminuye la fuente que lo causa, hay casos en que persiste y causa estragos en su vida.

Preocuparse está bien, siempre que lo motive a tomar medidas para resolver un problema. Si termina haciendo exactamente lo contrario – vivir en constante temor – seguro que es un problema grave. El miedo y la duda implacables pueden paralizar su proceso de pensamiento y sus aspiraciones en la vida. Pueden influir en su energía emocional, lo que conduce a altos niveles de ansiedad que interferirán con sus actividades diarias. Sin embargo, la ansiedad crónica es un hábito mental que se puede superar fácilmente. Solo necesita decirle a su cerebro que esté tranquilo y que mire la vida con una mentalidad positiva.

Mucha gente tiende a centrarse más en el futuro que en el presente. Continuamente reflexionan sobre las incertidumbres de la vida, lo que hace que se acumulen pensamientos negativos. La ansiedad es debilitante. Puede dejarle desesperado e indefenso. Debe ser positivo y tranquilo para reducir sus niveles de ansiedad.

Afortunadamente, hay muchas técnicas o remedios que pueden ayudarlo a controlar sus niveles de ansiedad de manera efectiva.

Capítulo 2: Experimentando la ansiedad y sus variados síntomas

Cada individuo tiende a estar ansioso en algún momento de la vida. Ya sea que esté estudiando para un examen o esperando en el consultorio del médico los resultados de su examen, seguramente estará un poco ansioso. Esto puede desencadenar un conjunto de síntomas como:

- Palpitaciones del corazón
- Sudoración
- Falta de concentración
- Sequedad de la boca
- Sensación de nerviosismo en el estómago
- Tensión muscular
- Hiperventilación

La ansiedad puede ser a corto o largo plazo, dependiendo de su causa. Si la ansiedad ha estado ocurriendo durante mucho tiempo, y las causas se acumulan una sobre la otra, la persona generalmente experimenta una serie de otros síntomas. Cuando la ansiedad se debe a un solo evento, como tomar un examen, finalmente desaparecerá una vez que el evento pase. Si la razón de su ansiedad es una pelea entre usted y su suegra, es probable que desaparezca hasta que se vuelvan a ver.Sin embargo, a menos que los problemas se resuelvan entre ustedes dos, la ansiedad recurrirá. Tales casos suelen ir acompañados de otros síntomas, como diarrea, irritabilidad y estreñimiento.

Si la ansiedad se debe a algunos problemas en el trabajo, es probable que se convierta en un problema a largo plazo. La posibilidad de ir a trabajar le hará sentir aprensivo. Cuando llegue a casa le resultará difícil conciliar el sueño, ya que se preocupará por el día siguiente. También se sentirá ansioso durante los fines de semana, ya que tendrá que trabajar después. Si la raíz de la ansiedad no desaparece, experimentará otros síntomas, como dolor en el pecho y pérdida de apetito, del sueño y del deseo sexual.

Todas las situaciones descritas anteriormente conducirán a momentos de ansiedad día tras día. Esto tendrá un impacto negativo en su salud mental, física y emocional.

Capítulo 3: Causas de la ansiedad

Hablando francamente, la ansiedad se heredó de los comportamientos de lucha o huida de nuestros antepasados. Aunque eran cazadores, también enfrentaban la amenaza de ser cazados en algún momento de su existencia. Entonces solo tenían 2 opciones diferentes: atacar o huir del ataque. Esto actuaba como una advertencia, causando una descarga de adrenalina en el torrente sanguíneo y liberando energía y azúcar en el cuerpo.

El escenario actual no es muy diferente. Todavía nos encontramos con situaciones de lucha o huida, aunque por muchas razones diferentes. Se puede desarrollar miedo de muchas maneras y por muchas cosas.

Su suegra, por ejemplo, puede ser una de las fuentes de su aprensión, y cada vez que se menciona su nombre, de repente se pone nervioso. Debe tomar nota de la respuesta de su cuerpo a esas situaciones estresantes. La ansiedad prolongada puede dañar sus órganos y eventualmente conducir a una enfermedad en toda la regla, como presión arterial alta o dolores de cabeza.

Aunque el estrés es el contribuidor más conocido de los problemas relacionados con la ansiedad, las condiciones físicas también pueden desempeñar un papel. Si sus síntomas de ansiedad son duraderos, es mejor que un médico lo revise para eliminar los siguientes factores de riesgo:

- Hipoglicemia
- Anemia
- Diabetes
- Desordenes Cardiacos (causadospor ritmo cardiaco elevado)
- Hipertiroidismo (el cual produce síntomas similares a la ansiedad)
- Síndrome premenstrual en mujeres

Ahora que sabe qué causa la ansiedad y cuáles son los factores de riesgo involucrados, debe trabajar para deshacerse de ella. La ansiedad leve se puede aliviar tocando música suave, pasando tiempo con amigos o mediante ciertos remedios caseros. El próximo Capítulo ofrece algunos consejos útiles que pueden ayudarlo a superar la ansiedad.

Capítulo 4: ¿Qué hacer y qué no hacer para vencer la ansiedad?

- Respire profundamente: esto es lo primero que debe hacer cuando atraviesa un período de ansiedad. La respiración profunda (a través del diafragma) es un proceso de alivio de la ansiedad principalmente porque estimula la respuesta relajante del cuerpo. Ayuda a su cuerpo a superar los síntomas de lucha o huida del sistema nervioso simpático, y luego pasar a la respuesta relajante debido al sistema nervioso parasimpático.

Entonces, si está ansioso, intente inhalar aire y cuente hasta 4. Llene lentamente el estómago, el pecho y contenga la respiración hasta contar hasta 4. Luego exhale lentamente el aire y cuente hasta 4. Repita el ejercicio varias veces para calmar su mente.

- Acepte el estado de ansiedad: recuerde siempre que la ansiedad no es más que un sentimiento. Si recuerda que es solamente una respuesta emocional, podrá aceptarla fácilmente.

La aceptación es extremadamente importante. Si intenta negar el hecho de que está ansioso, los síntomas a menudo se exacerban. Esto hace que los síntomas se vuelvan intolerables. Reconocer la ansiedad no implica que le guste o que quiera someterse a un estado miserable.

La conclusión es que la ansiedad puede ser problemática, pero ciertamente no es intolerable.

- Piense en ello como un asunto complicado: cuando el cerebro juega trucos, las personas piensan que un ataque de pánico es un ataque cardíaco. Esto se debe principalmente a que los ataques cardíacos y de pánico comparten síntomas comunes. En caso de un ataque de pánico, solo necesita calmarse y dejar pasar la sensación.

La Dra. Kelli Hyland, una conocida psiquiatra en Utah, les da a todos sus pacientes el mismo consejo.

- No piense demasiado en lo que siente. Si cuestiona casi todo lo que siente o hace, la ansiedad puede dominarlo. Cuando esto sucede, puede ser incapaz de deshacerse de ella.

Cuando atraviese una fase de ansiedad, intente hacerse las siguientes preguntas:

¿Es su preocupación real o no?

Si algo sale mal, ¿será tan malo o intolerable?

Encontrar la respuesta le ayudará a superar sus dudas. Una vez que se reconozcan sus inquietudes, es probable que su ansiedad también desaparezca.

●Adopte una técnica de visualización relajante: practique meditación regularmente para mantener sus episodios de ansiedad bajo control. Intente visualizarse a sí mismo en un escenario tranquilo y agradable, como caminar por la orilla de un río o cerca de su parque favorito. Imagine las nubes flotando en el cielo y alinee sus pensamientos o emociones pensando en ellas.

Sin embargo, las personas generalmente piensan de manera bastante diferente. La mayoría de ellas acumula sus emociones, pensamientos, sensaciones y juicios y los etiqueta como buenos o malos. Esto a menudo hace que la ansiedad se dispare.

- Observar sin ser crítico: la Dra. Hyland les da a todos sus pacientes una tarjeta de índice y luego les dice que observen, acumulen sus pensamientos, sentimientos o emociones sin juzgarse a sí mismos. Esto, según la Dra. Hyland, ha ayudado a muchas personas a deshacerse de sus trastornos de ansiedad.
- Hable consigo mismo en un estado mental positivo: la ansiedad puede generar muchos pensamientos negativos. Cárguese con declaraciones positivas. Dígase a sí mismo que tiene la mentalidad de deshacerse de sus aprensiones.
- Concéntrese en el presente y deje de pensar demasiado en el futuro: cuando las personas pasan por un período de ansiedad, generalmente se preocupan demasiado por las cosas que podrían ocurrir en el futuro cercano o lejano. Para superar tales pensamientos, uno necesita calmarse, respirar profundamente y concentrarse en las cosas que suceden en el presente. Esto seguramente reducirá el nivel de ansiedad.

●Piense o participe en actividades constructivas: cambie su atención a una actividad constructiva, orientada a un objetivo. Intente pensar en lo que podría haber hecho si no estuviera pasando por esa fase de ansiedad. Si tenía planes de ir al cine, simplemente hágalo y diviértase.

Lo peor que puede hacer durante un período de ansiedad es quedarse de brazos cruzados. No hacer nada trae todos los pensamientos negativos al primer plano de su mente, lo que provoca un aumento en su nivel de ansiedad. No hacer nada también permite que sus miedos se filtren en tu mente. Sin embargo, si participa en varias actividades, particularmente gratificantes, como hacer trabajo voluntario, puede alejar todos los pensamientos negativos. También le hará sentir mejor, que es la mejor manera de combatir la ansiedad. La conclusión es que debe estar ocupado con la vida en lugar de quedarse inactivo y concentrarse en lo que podría haber sido.

Capítulo 5: Tratamiento de la ansiedad sin el uso de medicamentos

Su ansiedad o preocupación puede deberse a sus preocupaciones sobre el dinero, el trabajo, el amor, la familia o la salud. Esto puede hacer que su corazón lata más rápido y que su respiración salga enespasmos nerviosos. En tales casos, siempre debe aprender a relajarse, en lugar de asustarse. Independientemente de si la ansiedad es solo una fase pasajera o se ya ha convertido en un trastorno, debe probar ciertos medicamentos para tratar los síntomas.

Existen muchos remedios seguros pero efectivos no relacionados con las drogas para tratar la ansiedad, comenzando desde diferentes técnicas de relajación cuerpo-mente hasta ciertos suplementos, como tés calmantes. Si bien algunos de estos remedios funcionan de inmediato, otros ayudan a aliviar los síntomas de ansiedad con el tiempo.

●Manzanilla: si tiene episodios breves de

ansiedad, una taza de té de manzanilla lo ayudará a calmarse. Ciertos compuestos en la manzanilla, como la *Matricaria recutita,* afectan los receptores cerebrales de la misma manera que las drogas, como el Valium. También puede tomarlo como un suplemento (la solución estándar típica que contiene 1,2% de apigenina, incluye flores de manzanilla).

●Té verde (L-teanina): hemos visto a monjes budistas meditando durante horas, ya sea en estado de alerta o relajado. Esto probablemente se deba al aminoácido comúnmente conocido como L-teanina que se encuentra presente en el té verde que a los monjes les gusta beber. La investigación sugiere que la L-teanina ayuda a controlar el aumento de la frecuencia cardíaca y reducir la presión arterial. Algunos estudios también han etiquetado a la L-teanina como un contribuyente principal para aliviar los síntomas de ansiedad.

Sin embargo, si desea obtener una cantidad significativa de L-teanina del té verde, tendrá que beber entre5 y 20 tazas cada día.

●Lúpulo: aunque está presente en la cerveza, no obtendrá de ella los beneficios tranquilizantes de esta hierba (*Humulus lupulus*). La sustancia sedante del lúpulo está presente principalmente en la forma de un aceite volátil. Por lo tanto, se obtiene generalmente en forma de tinturas o extractos. Las almohadas de lúpulo (utilizadas en aromaterapia) tienen un sabor muy amargo. Se utiliza principalmente para inducir o catalizar los efectos del sueño en combinación con la hierba de valeriana.

Pero no tome estas hierbas sedantes si está tomando sedantes o tranquilizantes por prescripción médica. Además, informe a su médico acerca de los suplementos que está tomando, antes de probar estas hierbas.

● Valeriana: algunos remedios herbales reducen la ansiedad sin causar somnolencia, pero algunos actúan como sedantes (inductores del sueño en la naturaleza). La hierba de valeriana (Valerina *officinalis)* es una de estas hierbas. Causa sueño en pacientes con insomnio. Es por eso que ha sido aprobado por el gobierno alemán para tratar los trastornos del sueño.

La valeriana tiene un olor desagradable. Por lo tanto, tómelo siempre en forma de cápsula, en lugar de como un té. Asegúrese de tomarla en la noche o antes de irse a dormir. No latome antes de ir a trabajar para evitar sentirse somnoliento. La valeriana a menudo se administra en combinación con otras hierbas, como la manzanilla, el lúpulo o el bálsamo de limón.

● Bálsamo de limón: lleva el nombre del trabajo griego para[1] 'abeja mielera'. El bálsamo de limón (*Melissa officinalis*) se ha utilizado ampliamente durante años para aliviar la ansiedad y los síntomas relacionados con el estrés, promoviendo así el sueño.

Aunque se sabe que es seguro, algunos

---

[1] I am not sure if this was a typo. If the word "work" on the original manuscript is correct, translation is as shown. If the correct word is "word" –instead of work - translation should be: "de la palabra griega utilizada para" (just replace the words in red)

estudios sugieren que el uso excesivo puede exacerbar los síntomas de ansiedad. Por lo tanto, siempre comience con la dosis mínima y siga las instrucciones. El bálsamo de limón generalmente está disponible en forma de cápsulas, tintura o como extracto de té. También se usa en combinación con hierbas como la manzanilla y la valeriana.

●Flor de la pasión: no se deje engañar por el nombre. No es algo que le ayude a enamorarse, sino un sedante aprobado por el gobierno alemán para tratar la inquietud nerviosa. Puede reducir los niveles de ansiedad similarmente a los medicamentos recetados. A menudo se usa para tratar el insomnio. Sin embargo, como cualquier otro sedante, la flor de la pasión también causa somnolencia intensa. Por lo tanto, no lo tome mientras esté tomando otros sedantes por prescripción médica. Además, nunca debe combinarlo con ninguna otra hierba sedante ni tomarlo durante más de un mes seguido.

●Lavanda: la fragancia embriagadora pero

segura de lavanda (Lavandula hibrida) emite respuestas emocionales y antiinflamatorias. En un estudio, se descubrió que los pacientes dentales griegos estaban mucho menos ansiosos después de inhalar la fragancia del aceite de lavanda. Se descubrió que algunos estudiantes en Florida (después de inhalar fragancia de aceite de lavanda) tenían niveles de ansiedad más bajos antes de tomar un examen.

Un estudio en Alemania reveló que una píldora de lavanda especialmente fabricada redujo efectivamente los síntomas de ansiedad en personas que sufren de trastorno de ansiedad generalizada tan efectivamente como el lorazepam.

●Ejercicio rutinario: el ejercicio siempre es seguro y saludable para el
cerebro. Funciona como un antídoto
contra la ansiedad, el estrés y la depresión, de forma inmediata y a largo plazo. El ejercicio regular aumenta su autoestima y le brinda una sensación saludable, ya que es responsable de la liberación de

hormonas para sentirse bien.

Muchas personas generalmente están ansiosas por su enfermedad y problemas relacionados con la salud. Por lo tanto, cuando están en forma, es probable que estos pensamientos ansiosos no se les ocurran.

●El régimen de 21 minutos: este es realmente el tiempo que necesitará para completar un régimen de ejercicio completo. Es una técnica confiable y probada para reducir los síntomas de ansiedad. Los médicos sugieren que uno debería intentar hacer ejercicio en una cinta de correr mientras pasa por un período de ansiedad, ya que esto ayuda a calmar la mente.

Intente hacer ejercicio en una cinta o en escaleras para ejercicios para bajar sus niveles de ansiedad. Si participó en el remo durante sus días universitarios, vuelva a sus hábitos de remo. Realice caminatas rápidas incluso si no tiene ganas de hacer ejercicio, ya que esto también ayuda a reducir su ansiedad. La idea es ponerse en movimiento y mantenerse activo.

- Coma algo: muchas personas generalmente se sienten mucho más ansiosas cuando tienen hambre. Cuando las personas sufren un ataque de ansiedad, sus niveles de azúcar en la sangre generalmente comienzan a caer. Trate de tomar un refrigerio rápido para disminuir el hambre. Coma algunas nueces o una barra de chocolate oscuro junto con un vaso de agua o una taza de té.

La dieta es la clave para aliviar los problemas relacionados con la ansiedad. Por lo tanto, intente comer alimentos integrales como granos y cereales, vegetales de hojas, carne magra o mariscos y ciertas variedades de fitonutrientes.

- Desayuno: no se mate de hambre. Muchas personas que generalmente se saltan el desayuno generalmente se quejan de problemas relacionados con la ansiedad. Intente llenar su estómago con huevos o una rica fuente de proteínas. Esto generará colina y evitará los síntomas de ansiedad.

● Ácidos grasos Omega-3: algunos alimentos, como los aceites de pescado, mantienen el corazón sano y evitan que pase a la depresión. En un estudio, los estudiantes que tomaron 2.5 mg de ácidos grasos omega-3 durante un período de 12 semanas tuvieron niveles de ansiedad mucho más bajos en comparación con los estudiantes que tomaron placebo.

Por lo tanto, siempre se recomienda consumir alimentos ricos en ácidos grasos omega-3. Los pescados grasos como el salmón, la sardina, las anchoas y los mejillones también son fuentes ricas en ácidos grasos omega-3.

● Ducha de agua caliente: ¿alguna vez se preguntó por qué las personas generalmente se sienten tan relajadas después de tomar un baño de vapor o sauna? Calentar el cuerpo, por lo general, reduce la tensión en los músculos y los niveles de ansiedad. El calor en su cuerpo realmente controlará los circuitos, alterando así su estado de ánimo e indirectamente alterando los neurotransmisores de serotonina. El calentamiento durante sus períodos de ansiedad es un ejercicio efectivo y siempre puede darle vida sentándose cerca del fuego y tomando una taza de té caliente.

Los investigadores sugieren que descansar en una playa caliente en una mañana soleada, o unos minutos de baño de sauna, spa o baño caliente puede ofrecerle una sensación de calma y bienestar.

●Baño forestal: los japoneses se refieren a él como un baño forestal, pero normalmente lo describimos como un paseo por el bosque. Investigadores japoneses descubrieron cambios en el cuerpo de personas que salen a caminar por los bosques. Por lo general, tienen niveles bajos de hormona del estrés en comparación con los que caminan por la ciudad.

●Meditación consciente: originalmente fue popularizada por los budistas, pero actualmente es más como una terapia convencional. La meditación consciente puede reducir sus síntomas de ansiedad de manera bastante efectiva, por lo que es una técnica bien conocida. Le permite sentir la verdadera esencia de cada momento y le ayuda a concentrarse en el presente en lugar de temer las incertidumbres de la vida.

Superar la ansiedad requiere mucho trabajo, y comenzar puede ser difícil para algunas personas. Pero simplemente concéntrese en su situación y observe sin juzgar. Acepte que está ansioso y luego aplique los tratamientos mencionados anteriormente.

Capítulo 6: Ciertos pensamientos cognitivos que empeoran su ansiedad, estrés o preocupación

- Todo o nada: muchas personas piensan en obtener todo en la vida. No dan por sentadoslos buenos resultados y se centran en la perfección completa. Por lo tanto, siempre tienen un alto riesgo de pasar por un período de ansiedad (ya que consideran que algo menos del 100% es un fracaso).
- Generalización excesiva: implica la generalización de una experiencia negativa. Las personas consideran que una sola falla existirá a lo largo de su vida y construyen una perspectiva negativa a partir de ella.
- La barrera mental: las personas se sienten mucho más ansiosas cuando se centran en los aspectos negativos en lugar de concentrarse en los aspectos positivos de la vida. Siguen pensando en las cosas que salieron mal e ignoran las cosas que salieron bien.
- Ignorar los aspectos positivos: las

personas ansiosas siguen ignorando los aspectos positivos y consideran los resultados como una especie de casualidad. No reconocen los esfuerzos que han realizado para tener éxito.

- Sacar conclusiones aciegas: muchas personas interpretan las cosas negativamente sin considerar la evidencia. Esto indirectamente empeora su sensación de ansiedad.
- Catastrofización: cuando siempre espera que sucedan las peores cosas, su mente nunca estará tranquila. Esto lleva a episodios de estrés y ansiedad.
- Juicio emocional: las personas generalmente se dejan llevar por sus emociones y comienzan a considerar las impresiones negativas como una realidad. Esto se suma a su estrés y ansiedad.
- Qué hacer y qué no hacer: cuando está ansioso, a menudo se limita a hacer algo o ignorar ciertas cosas según su criterio. Esto hará que acepte lo negativo y pierda de vista lo positivo.
- Etiquetarse: muchas personas que

atraviesan un período de ansiedad se etiquetan a sí mismas como un fracaso o una persona estúpida, sin siquiera considerar las realidades. Imagine lo que sentiría si no se ves a sí mismo como algo más que genial.

- Asumir la culpa: muchas personas se hacen responsables y asumen la culpa de un incidente que realmente estaba fuera de su control. Esto se suma a su ansiedad también.

Preocuparse está bien, siempre y cuando lo motive a tomar medidas para resolver un problema. Pero si está preocupado por todo lo que está mal y es malo en su vida, entonces tiene un problema grave.

Conclusión

¡Gracias nuevamente por descargar este libro!

Espero que este libro pueda ayudarlo a deshacerse de sus pensamientos ansiosos y disfrutar la vida al máximo.

El siguiente paso es recomendar el libro a amigos y familiares, que también están experimentando episodios de estrés y ansiedad en sus vidas. Si realmente se ha beneficiado de este libro, permítales disfrutar de los mismos beneficios y ayúdelos a encontrar alivio.

¡Gracias y buena suerte!

www.ingramcontent.com/pod-product-compliance
Lightning Source LLC
Chambersburg PA
CBHW062140100526
44589CB00014B/1630